Béatrice Réa

L'ENVOL D'ANNA

« Guide pour aller vers l'unification de son être »

Introduction

«Nous appelons impossible ce qui n'a jamais été tenté. »
                              Alexis de Tocqueville.

«Vous voulez changer le monde, pourquoi ne pas commencer par vous-même? »
                              Anthony de Mello.

«La vie est un mystère qu'il faut vivre, et non un problème à résoudre. »
                              Gandhi.

« Il n'existe pas d'autre éducation intelligente que d'être soi - même un exemple. »
                              Albert Einstein.

©2018 Béatrice Réa

Edition: BoD – Books on Demand
12/14 rond-point des Champs Elysées 75008 Paris
Impression: BoD – Books on Demand, Norderstedt

ISBN : 9782322145515
Dépôt legal : Juillet 2018

Prologue

Le Cœur, initiateur inspiré !

Pour la plupart d'entre nous notre époque est génératrice de révélations et révolutions intérieures. Elle nous demande de dépasser nos conditionnements que nous pensions définitifs et nous pousse à revenir en notre intériorité pour y solliciter la guidance de notre Cœur. Aujourd'hui au dedans de notre être, nos tumultes laissent la place à l'Amour de Soi.

Le chemin qui mène à l'Amour en nous est une voie initiatique qui éveille notre conscience et nous aide à passer du statique au mouvement, de la séparation à l'unification.

Nous pouvons dès à présent avec notre regard intérieur observer ce qui se passe en soi, le respirer et le transmuter pour lui redonner vie.

Annotations

Ce guide vous offre des outils vibratoires et des pistes pour alléger les fardeaux de votre passé. Il ouvrira en vous un horizon de nouvelles possibilités. Chacun avec ses propres perceptions peut intégrer des connaissances, s'engager sur la voie du cœur, de l'unification ou simplement lire et laisser faire... Une lecture à haute voix amplifiera ses pouvoirs vibratoires.

Les dessins ont été réalisés sous la guidance du monde invisible. Chacun d'entre eux est porteur de vibrations spécifiques adaptées aux messages qu'ils délivrent. Ils vous proposent leur aide en toute simplicité. Si vous le souhaitez, avec votre degré de sensibilité, ils peuvent devenir des outils de résonance qui faciliteront votre voyage intérieur.

Jour 1

La rencontre.

Je marche sur la plage bien emmitouflée dans des vêtements chauds. En ce mois de février 2018, des vents violents, une mer déchaînée empêchent des intrépides de venir admirer ce spectacle impressionnant peu commun dans le pays Catalan.
Je regarde les vagues gigantesques envahir la plage. J'adore me mêler aux éléments, sentir les embruns sur mon visage.

- « Ouah ! Quel plaisir d'être là ! »

J'avance lentement, tête baissée, aucune âme qui vive à l'horizon...

Ah non ! Au loin je vois une silhouette. Elle se dirige dans ma direction d'un pas bien décidé.
La personne arrive à ma hauteur. C'est une jeune femme blonde, élégante au regard profond. Je la regarde en souriant, lui dit :

« Bonjour, vous êtes aussi folle que moi... Vous aussi aimez goûter aux éléments ? »

- « Non pas du tout, j'en ai peur. Vous êtes bien Béatrice ? »
- « Oui c'est moi. »
- « Je suis venue de Paris pour vous rencontrer, est ce que vous seriez d'accord pour m'accorder du temps ? Une amie m'a parlé de vous, de votre technique vibratoire, elle m'a expliqué qu'il vous ait possible d'accompagner par téléphone et m'a décrit en détails le déroulement des processus vibratoires qu'elle a ressentis dans son corps pendant la séance. J'ai conscience que votre méthode est novatrice. Je vais être franche et directe, le domaine du vibratoire me fascine, mon plus grand désir est de l'inclure dans mes compétences professionnelles. Accepteriez-vous de me former et me transmettre vos connaissances ?»

- « Mademoiselle, quel est votre prénom? »
- « Anna »
- « Et bien Anna, ma réponse est non. J'ai arrêté d'accompagner en 2016, j'ai décidé de tirer un trait sur mon passé. Je ne souhaite pas aborder ce sujet.

- « Je viens de faire 900kms pour vous rencontrer, j'affronte cette tempête pour entrer en contact avec vous et vous tout ce que vous avez à me dire c'est non ! Mais je rêve ! Accordez-moi au moins le temps de vous expliquer plus en détail le pourquoi de ma demande ! »

- « Vous venez de le faire, j'ai écouté et je ressens combien cela est important pour vous d'être formée. Je viens de vous donner ma réponse et que vous veniez de Paris ou d'ailleurs ça m'est complètement égal ! Votre téléphone ne fonctionne pas ? »

- « Oui, il fonctionne, mais je ne voulais pas vous entendre me dire non par téléphone. Je pensais qu'en étant en face de vous, vous seriez plus disposée pour m'écouter, pour constater par vous-même qu'il est capital pour moi de recevoir votre enseignement. »

- « Pour des raisons qui me sont personnelles je vous redis non, je ne souhaite pas parler de mon expérience professionnelle, j'ai tourné la page. »

- « Hors norme », votre expérience professionnelle « hors norme », c'est la raison pour laquelle je suis là... Vous n'allez quand même pas me laisser repartir sans accepter au moins de passer un peu de temps avec moi, allons boire un thé ? »

- « OK allons-y ! »

Nous nous installons dans un café au port de Saint Cyprien et commandons des boissons bien chaudes qui nous réchauffent rapidement.

- « Béatrice, je peux vous appelez par votre prénom ? »

- « Oui, pas de problème ! »

- « Je tiens à vous remercier pour ce moment partagé avec vous, être à vos côtés me remplit de joie, j'ai tellement attendu ce moment... attendu de me sentir prête... Je réitère ma demande, voulez-vous me former à devenir une accompagnatrice qui s'engagera à écouter attentivement ? »

- « Présence à soi... »
- « Présence à soi ? »
- « Oui Anna, l'Amour de Soi... Il est temps de nous dire au revoir, j'ai passé un moment agréable en votre compagnie, je vous souhaite le meilleur pour votre avenir. »

Anna se lève, pousse un cri qui éveille la curiosité des personnes présentes dans le café.

- « Ah non ! Je ne rentre pas chez moi, je reste et demain je vous retrouverai ou que vous soyez et je vous harcèlerai jusqu'à ce que vous écoutiez ce que j'ai à vous dire. »
- « Vous pouvez faire tout ce que vous souhaitez Anna, il n'y a aucun problème, vous êtes une personne libre de faire ses propres choix. »
- « Ah vous voyez ! Là, vous êtes en train de me transmettre une évidence ! N'est-ce pas Béatrice ? Vous m'avez fait le premier cadeau, et ce ne sera pas le dernier... A demain Béatrice, à demain je vous l'assure ! »

Je me dirige vers la sortie du café sans dire un mot, seul un sourire illumine mon visage.
Je repars dans la tempête et rentre à mon domicile à pied

à trente minutes de là. Durant ce laps de temps, je repense à cette rencontre insolite. Quelle jeune femme sauvage cette Anna ! Elle me rappelle quelqu'un... Ah ! Quel bonheur de rencontrer quelqu'un qui ose, quelqu'un qui malgré ses peurs arrive à exprimer une demande. Elle me plaît bien cette petite, elle sait ce qu'elle veut... La nuit porte conseil, demain sera un nouveau jour, voyons si la sauvageonne reste sur sa position. Peut-être qu'un petit coup de pouce lui sera nécessaire pour y arriver, un petit coup de pouce... Le jour se lève, une brise légère et une température douce remplacent la tempête de la veille. L'air sec et froid hivernal offre un ciel d'un bleu intense, la mer est calme, je décide de changer le planning de ma journée. Anna et moi allons nous rencontrer pour la deuxième fois.... Je retourne me balader vers le port et laisse le hasard faire les choses.

Me voilà arrivée au port, il est 14h pas d'Anna en vue. Je me dirige vers la plage et marche en direction de Canet. Je ramasse des coquillages, du bois flotté pour faire un mobile que je suspendrai sur ma terrasse. Je regarde l'heure, il est 16h, je m'apprête à rentrer chez moi. Une idée me traverse l'esprit : et si je rentrais par l'étang ! J'en profiterai pour admirer les oiseaux. Je continue ma balade, quelques minutes se passent et devant moi allongée sur le sol sous un pin parasol, je reconnais Anna qui semble s'être endormie.

Je m'avance vers elle sans faire de bruit, m'assieds et observe deux mouettes qui dansent dans les airs. Anna se réveille, s'assied et fond en larmes. Je la prends dans mes bras sans rien dire. Bercée dans un silence réparateur, Anna reste blottie contre moi. Je suis touchée par ce moment de tendresse partagé, des larmes inondent mes joues.

Nos regards se confondent, se parlent, puis Anna me prend les mains et me dit : « Je remercie la vie de nous avoir réunies aujourd'hui, je suis vraiment heureuse de vous revoir. »

- « J'ai un peu aidé la vie, mais bon ! C'est important l'entraide ! »

Et nous voilà parties dans un fou rire tellement bruyant qu'il fait fuir tous les oiseaux des alentours.

- « Anna, si cela te fait plaisir je t'invite à passer quelques jours chez moi. Tu es en vacances ? »
- « Oui j'ai prévu de rester six jours dans la région. J'accepte avec plaisir votre invitation, merci. Puisque nous venons d'aborder le sujet, vous voulez bien me parler du hasard ? Ensuite nous rentrerons à votre appartement, il commence à faire froid. »
- « Tu ne perds pas de temps.... D'accord, je vais te parler du hasard et aussi des pensées qui s'imposent à nous.

Mon expérience m'a montrée que le hasard est en fait un principe organisé multidirectionnel et inter relationnel que l'on nomme « synchronicité ».

Le hasard est inclus comme ingrédient dans la vie. Il trame sous forme d'évènements des coïncidences à la fois significatives et surprenantes qui éveilleront en nous divers intérêts suivant le degré d'activité de notre curiosité et intuition. La vie va déposer ici et là, au gré de notre cheminement des opportunités de tisser des liens relationnels d'une si grande richesse qu'ils en changeront littéralement le cours de notre existence…

Appréhendons le hasard de façon ludique ! Nous sommes libres de choisir de le laisser contribuer où pas à notre évolution personnelle.

Une de mes croyances est de considérer la vie comme un mystère. Le mystérieux étant inexplicable, cela m'empêche d'échafauder de nombreuses réflexions analytiques et preuves démonstratives. Cet état d'esprit rend ma vie plus confortable et me fait rester à ma place d'être humain à l'intérieur de ce gigantesque souffle en mouvement qu'est la vie. A partir de ce constat, il est bien agréable de pouvoir mettre en veilleuse l'agitation de mes pensées que je nomme mon mental afin de passer en mode : intuition. Il y a une autre croyance en moi qui me dit que le mystère de la vie n'en est pas un pour les parties de mon être qui suivent délibérément le mouvement du mystérieux. Elles savent qu'en faisant alliance avec lui, l'inexplicable, l'inconcevable seront expérimentés !

Vivre dans le présent, nous aide à élaborer concrètement nos projets et évite d'esquisser sur la toile de notre inconscient des images chimériques.

Nous avons en permanence à faire des choix, nous aurons toujours à dire oui ou non. S'accorder le droit de goûter au oui ou au non va permettre de savoir ce qui est bon pour nous. De cette décision surviendront inéluctablement des conséquences. Elles prendront diverses formes suivant les choix de chacun.

Oser expérimenter va nous aider à changer de conscience. **La conscience unifiée est hors du positif et du négatif que l'on étiquette sur nos émotions réprimées**. Elle va s'éveiller dans notre intériorité, dans notre cœur, remplir tout notre être et tel un geyser va jaillir pour s'offrir au monde.

Mon ressenti est que l'unification de l'être est un fondement de la vie. **Un chemin révélateur de la découverte de soi par l'amour et pour l'amour...**

Le mental navigue dans le passé et se projette dans le futur. Ce mouvement effervescent qui l'anime l'empêche de rester dans le présent. Mon souhait a toujours été que mon mental n'occupe pas en permanence le devant de ma scène. Pour calmer son excitation, je m'adresse à lui en le rassurant et lui certifie qu'il a sa place en moi. Mon parcours de vie professionnelle m'a montré **la puissance dynamique qui se manifeste dans le présent**.

En lui et dans notre cœur l'erreur n'existe pas, seules les teintes absorbées par nos expériences délivrent leurs messages. La traduction de ces messages se fera à partir de notre tissu intérieur nuancé par les couleurs de nos expériences passées. Retenons que les choix que nous faisons sont pour la plupart inconsciemment liés à notre vécu !

Le mental est persuadé qu'il sait, il sait quoi ? Il fouille dans des données, dans des codes héréditaires engrammés dans le contenu transgénérationnel imprimé dans nos gènes. Il projette ces codes à l'extérieur et s'en sert pour nous persuader qu'il va se passer telle et telle chose dans le futur.

Ce processus de pensées répétitives contient aussi les interprétations que l'on élabore dans notre enfance à partir des discours et des modèles de comportements des adultes. A ce mode de fonctionnement se juxtapose la grille de lecture que l'on dessine en soi à partir de nos expériences d'adultes. On peut y ajouter aussi toutes les mémoires de l'humanité imprimées dans l'inconscient collectif qui relient chaque être humain. Toutes ces informations / mémoires forgent notre état émotionnel et nos pensées duelles tout au long de notre existence. »

Avec l'épigénétique nous pouvons participer au changement de notre communication intérieure.

Si nous transformons nos émotions et notre environnement, notre chimie moléculaire se transforme aussi !

Nous pouvons influencer l'expression de nos gènes et stabiliser notre système immunitaire en modifiant notre cadre de vie, nos comportements, nos habitudes, nos expériences de vie, nos croyances....

- « Vous êtes en train de me dire que d'innombrables informations sont inscrites en nous ? »

- « Oui, nos pensées trament un schéma intérieur qui se construit à partir de nos croyances, blessures, peurs, joies... Il n'est pas définitif comme inscrit au fer rouge dans notre chaire, non, il est permutable, reprogrammable. L'année dernière, j'ai découvert le domaine de l'épigénétique. Mon ressenti corrobore les découvertes des chercheurs. Dans sa fonction informationnelle, plus précisément la transduction d'informations (traduction et transmission), l'**épigénétique** permet la reprogrammation de notre ADN. En sollicitant sa partie «inconnue», c'est à dire à peu près 80% du génome, notre terrain héréditaire et notre information génétique sont dans une certaine mesure, modifiables. »

Nous arrivons à mon appartement. Une relation authentique s'installe entre nous. Nous parlons des choses qui sont importantes dans nos vies respectives. Un dialogue chaleureux et naturel s'installe dans la plus grande des sincérités. Anna me raconte comment se déroule sa vie au quotidien, ses relations amicales, ses études dans le domaine de la psychothérapie. Se mêlent à notre dialogue des rires et des plaisanteries. Pendant le repas, Anna me fait part de son désir de sublimer sa profession en intégrant le domaine du vibratoire. Elle me confie combien cela est important pour elle d'accompagner une personne sur le chemin de l'unification de son être.

- « A quel moment avez-vous commencé à aller à votre rencontre et démarré votre vie professionnelle dans le domaine de l'accompagnement ? »
- « Durant mon enfance, une curiosité insatiable m'a poussée à vouloir découvrir par moi-même le message délivré par l'Homme qu'était Jésus. J'avais conscience que je cherchais à travers lui quelque chose de Sacré et à la fois naturellement humain. Une quête personnelle a commencé à ce moment-là... J'avais 10 ans.

Adulte, l'année 2004 a marqué mon chemin de vie. Après un changement radical dans ma vie personnelle et professionnelle, la voie qui mène à la connaissance de soi s'est imposée à moi de façon naturelle. Prendre soin de moi, guérir mes blessures émotionnelles et me réconcilier avec moi-même était plus qu'une évidence. Le Sacré tant recherché dans mon enfance a commencé à se dévoiler à cette période de ma vie. Ensuite en 2009 lors de ma première méditation de groupe, une connexion s'est faite avec la conscience universelle, j'ai senti une énergie entrer par le sommet de mon crâne. Ce jour-là j'ai découvert le domaine de l'énergétique. Jour après jour et année après année, j'ai intégré des connaissances et des compétences qui m'ont permis de devenir accompagnatrice dans le domaine du vibratoire. »

- « Merci de partager avec moi ces moments intimes et précieux de votre vie. »

- « Avec plaisir ! Dans les jours à venir, je te raconterai dans les détails de quelle manière s'est déroulée ma formation et comment le Sacré peut se manifester en chacun de nous. »

- « D'accord, ça m'aidera à évoluer et me former à mon tour, j'imagine. »

- « Oui, c'est tout à fait ça ! »

-« Vous pratiquez la méditation ? »

- « Je ne pratique plus de technique de méditation et oui je médite non stop en restant en lien avec mes ressentis, en expérimentant consciemment les évènements qui jalonnent ma vie. »

- « C'est une belle définition de la présence à soi ! Que dois-je intégrer pour accompagner dans votre domaine de compétences ? »

- « Avancer vers l'amour de soi en observant avec sincérité ton univers intérieur est la première porte à franchir pour accompagner au mieux une personne sur le chemin de la guérison. Que cela soit clair entre nous, quand j'utilise le mot guérison, je veux dire : chemin indéterminé qui permet d'évoluer en conscience en respectant nos choix et nos priorités, sans rien attendre ni efforts à fournir.

La seconde porte va t'offrir l'opportunité d'entrer en contact avec la précieuse médiatrice qu'est l'eau cellulaire.

La 3ème te fera découvrir la dimension subatomique qui vit au sein même de la cellule, au cœur de la matière et de la lumière. Lorsque toutes ces étapes seront incorporées dans ta conscience cellulaire, à ce moment-là et seulement à ce moment-là, tu seras en mesure d'accompagner, ton cœur t'y aidera.

Voilà, je viens de t'expliquer dans les grandes lignes le programme de ta formation rapide qui t'aidera à t'installer dans tes starting blocks ! Ensuite tu auras des mois, des années pour continuer à te réparer, t'épanouir, développer tes potentiels et continuer à te former. Sur ton chemin la vie mettra en avant des possibilités de faire de nouvelles rencontres, ton intuition te proposera de lire, écouter, partager, rencontrer, regarder.... Prends tout et nourris-toi de cela ! Durant ces six jours, je vais aussi te parler des nouvelles fonctions de notre terre et je répondrai à tes questions. Cela te convient ? »

- « Oui, il me tarde d'écouter et de ressentir ! Quelle merveilleuse expérience il m'est donné de vivre, merci ! »

- « Remercie ta ténacité ! Bientôt tu voleras de tes propres ailes... »

« Anna, pour moi accompagner est un acte sacré ou l'humilité, l'écoute et le respect ont leur place à part entière. »

- « Merci, c'est un grand et majestueux oui ! Je veux voler et partir à la découverte de toutes les strates de ma vie ! Je suis vraiment touchée par votre proposition d'autant plus que vous avez arrêté d'exercer. »

- « Pas de temps à perdre, nous allons partir naviguer ensemble dans les profondeurs de ton être. Il est bien sûr évident que quoi qu'il arrive tu resteras toujours le capitaine de ton bateau. Anna, ne laisse jamais qui que ce soit prendre la barre à ta place, ne donne pas le pouvoir à une personne de savoir ce qui est bien pour toi. Par moment dans ta vie, tu te sentiras perdue comme en haute mer sur des eaux houleuses. Lorsque tu traverseras ces périodes difficiles, accroche toi à ton gouvernail, cultive la patience, la volonté, la tendresse envers toi-même et le moment venu, tu sauras.... Les réponses se révéleront à toi par la voie du cœur. Rien ne sert de courir...»

- « Merci, j'ai bien entendu le message. Je ferai de mon mieux ! »
- « Demain sera un grand jour, l'amour de soi va majestueusement te dévoiler son principe unficateur, il se révèlera à tous les aspects de ton être. »
- « Super ! Demain sera un jour exaltant ! Il est tard, je vais me coucher. Bonne nuit ! »
- « Bonne nuit, à demain. »

Jour 2

L'Amour de Soi.

Anna et moi sommes installées dans mon salon. Nous profitons du panorama qu'offre ce coin boisé et fleuri qui entoure mon appartement. Mes plus proches voisins sont des pins maritimes et des palmiers, je ressens beaucoup de gratitude d'avoir l'opportunité de vivre dans ce département si cher à mon cœur. Je prépare du thé. Anna s'assied, admire le paysage où le Canigou tout de blanc vêtu s'impose comme la montagne mythique des Pyrénées Orientales. Tout en admirant le paysage, Anna me demande de lui parler du sujet qui me tient le plus à cœur : l'**Amour de Soi**.

L'amour de soi est le chemin qui mène à la réconciliation avec soi. Commencer par soi est une clé essentielle: « Aime toi et tu aimeras les autres, respecte toi et tu respecteras autrui. Sois tendre avec toi même et tu le seras avec le monde qui t'entoure. Sois tolérante, à l'écoute avec toi même et tu le seras avec ceux qui croiseront ton chemin ou ceux qui marcheront à tes côtés. »

Il est important d'oser descendre en soi, regarder, observer, faire un état des lieux avec bienveillance. L'amour permet de convertir un état en un autre, cette métamorphose peut être comparée au travail d'un alchimiste qui transmute.

Toute émotion peut être transformée à la condition qu'elle soit reconnue comme vivante en soi. Cela demande de lâcher le contrôle que l'on a sur elle et de s'abandonner à la guidance de notre conscience corporelle et celle de notre cœur. L'amour de soi, c'est accueillir toutes les parties de son être, c'est reconnaître «ce qui est » dans l'instant présent. Ce n'est pas accepter que « ça doit être comme ça », surtout pas ! Si tu réagis de cette manière tu deviens fataliste, tu poses des actions mortifères qui entretiendront culpabilité et auto-jugement. Ces sentiments affaiblissent notre psychisme et notre corps, alimentent l'asphyxie en nous. L'amour de soi est un principe en perpétuel mouvement qui va à ton rythme muter culpabilité et auto jugement en confiance en soi. **Reconnaître « ce qui est** » et « **rester avec dans le présent** » permet de poser des actions vivantes pour accompagner au mieux notre problèmatique tout en respectant nos valeurs et priorités. **Deux états d'être témoignent de la vie en nous : l'amour ET la peur.**

L'amour est ce que tu es, il est ce que tu veux être, il te suit dans ton mouvement. L'amour n'est pas statique, il est souple, ample, il suit ta forme sans être prédéfini. S'il était défini, il ne serait pas l'amour. L'amour n'est pas qualifiable, ni quantitatif. Il est oui ou non. Il est uni à ce que tu es, à ce que chaque être est. Il n'est pas un concept, il est muable, transformable et changeant. L'amour est un reposoir sur lequel tu peux te lover, où chacun peut trouver sa forme, ses contours dans l'instant présent.

L'amour change continuellement de vibration pour suivre ton évolution et prendre une nouvelle forme adaptable à qui tu es maintenant. Tout est possible et modifiable dans la vibration de l'amour. L'amour est vrai avec chacun d'entre nous, avec la vie car il est cela, **il est la vie, il insuffle la vie...**

L'Amour de Soi est la voie la plus précieuse qu'il m'ait été donnée d'expérimenter. La seule qui m'a permis de trouver les moyens les plus utiles pour me mettre en empathie avec moi-même et accueillir tous les aspects de mon être. **Avec lui, j'ai pu cultiver la confiance en soi.**

L'amour de soi ce n'est pas avoir à choisir entre amour et peur, cela pour moi s'appelle la **dualité**. S'accorder le droit de ressentir de la peur et toute autre émotion est un acte d'amour. L'amour de soi est un état non duel, c'est une **voie d'unification**. Comment peux-tu transformer ta peur si tu la juge, la renie, si tu bannis son existence et lutte contre elle.

La problématique ne réside pas dans le fait de ressentir de la peur mais dans la relation que l'on entretient avec elle.

L'amour suivra toujours la forme que prendront tes turbulences. Je m'explique : « peu importe ce que tu ressens et même dans les moments ou la souffrance te fera t'effondrer au sol, l'amour s'écroulera avec toi car il est ton essence. **L'amour n'attend rien de toi, il n'est pas à l'extérieur de toi, il vit dans ton cœur, dans tes cellules.** » L'amour ne te dira pas : « lève-toi et continue d'avancer tu as un but à atteindre ! » Non, l'amour t'aidera à te relever lorsque tu seras prête à le faire. Il te donnera la force de choisir un nouveau chemin en accord avec ta cohérence, ta justesse intérieure. Il te permettra de passer d'être affligée à être touchée.

L'amour de soi est un rouage qui rend probant l'expérimentation de nos propres référentiels, appréciations et valeurs.

L'amour de soi ce n'est pas avoir une haute opinion de soi, cultiver l'orgueil ou l'égocentrisme, l'amour de soi c'est s'accorder le droit de ressentir des émotions telles qu'elles sont. Accorde-toi le droit de ressentir de la tristesse, des doutes, de la colère.... Observe et entre en relation avec tes émotions !

L'amour de soi, c'est glorifier notre sagesse intérieure, c'est être à l'unisson de soi. C'est prêter attention, rester à l'écoute des messages que nous envoie notre corps, utiliser les moyens nécessaires pour qu'il retrouve sa capacité innée à s'autoréguler...

Vois-tu Anna pour moi le plus haut degré d'éveil que puisse atteindre un être humain est de vivre dans l'espace de l'amour de soi. »

- « Seriez-vous d'accord pour répondre à une question très personnelle qui éclairera mon cheminement ! »

- « Je t'écoute. »

- « Est ce que vous êtes une personne éveillée? »

- « Je ne me suis jamais posée la question et à vrai dire ça m'est complètement égal !

Je regarde et écoute avec mon cœur, je ressens de la tristesse, de la joie, je m'exprime, je suis d'accord ou pas d'accord ; je vis tout simplement. Ce que je viens de verbaliser est une définition qui me paraît la plus en accord avec mon expérience. Je n'ai jamais «voulu» devenir un être éveillé, je ne me suis jamais dit : « il faut y arriver ! »

La conscience Universelle et celle de la Terre m'ont formée aussi à devenir un messager qui utilise le verbe pour proclamer :

Laissez votre cœur se mettre en action ! Osez vivre ! Osez être ! Osez parler ! Osez ressentir ! Osez goûter à vos propres expériences ! Ce sont elles qui participeront à l'édification de votre vie telle que vous l'envisagez, en respectant vos désirs, vos rêves et ceux des autres. »

« Marchez vers l'unification de votre être et découvrez qui vous êtes vraiment ! »

- « Ok, message reçu. Vous avez un don de médium? Je veux dire par là, vous assumez le rôle d'intermédiaire pour accompagner ? »

- « Oui, je joue le rôle d'intermédiaire entre une personne et toutes les parties de son être. Ce rôle de facilitatrice favorise la mise en route des processus de transformations à tous les niveaux qu'ils soient émotionnels, mentaux, biochimiques, énergétiques, informationnels, biologiques... »

- « Béatrice, votre voix, les mots qui sortent de votre bouche sont remplis d'une musicalité imperceptible à mes oreilles mais audible avec mes cellules. Je vis en cet instant une expérience des plus touchante, la vibration de votre voix me fait intégrer une connaissance qui est induite par résonance dans chacune de mes cellules et évidemment dans mon cœur. Je comprends que la connaissance naît de l'expérience et que tout est vibration ! »

- « Oui la connaissance s'infuse en soi en s'ajustant à la structure de chacun, à sa conscience. »

- « La vibration de votre voix est votre outil principal ? »

- « C'est mon point d'appui. J'écoute les messages que la conscience cellulaire m'envoie. Ils prennent la forme de mots qui sont en lien direct avec la problématique que rencontre la personne. Ils servent de tremplin pour aider l'eau cellulaire à faire son travail de médiatrice entre tous les composants de la cellule. Celles-ci vont s'envoyer de nouveaux signaux qui permettront de changer l'information perturbatrice en information adéquate.

Nous jouissons tous d'un don naturel que l'on peut mettre au service de notre communication cellulaire : notre voix. Le timbre et l'intensité de notre voix traduisent des sensations, des souhaits, des affirmations…. que nous exprimons au moyen du langage. A partir d'une intention verbalisée, les sons des mots que nous émettons sont entendus par nos cellules, ils servent de façon éclatante à réguler les échanges des signaux intercellulaires. »

Parfois il faut du temps pour « regarder »... Parfois une personne choisit consciemment ou inconsciemment de rester dans la souffrance.

Chaque conscience, chaque être est à respecter.

Bien évidemment la vie n'est pas un long fleuve tranquille, la souffrance fera toujours partie de nos expériences.

S'il nous est impossible d'entrer en relation avec notre souffrance, recevoir de la tendresse sera toujours aidant. Pleurer et se blottir dans les bras d'une personne nous apporteront toujours du baume au cœur.

La souffrance n'est pas une punition, elle est un moyen de découvrir nos ressources intérieures, de grandir et changer de cap...

Mon témoignage est que la souffrance n'est pas le chemin.

La souffrance et l'amour sont antinomiques !

La joie fait partie intégrante de l'amour, avancer vers la joie est le chemin !

- « Quelle révélation il m'est donné de vivre aujourd'hui ! Merci, merci du fond de mon cœur. »

- « Anna, il y a d'innombrables champs de conscience à explorer, chacun d'entre eux s'unifie à notre mouvement intérieur du moment. Au fil des années, j'ai été témoin de nombreux développements personnels. Chacun avec ses forces, ses limitations, ses fragilités, ses potentiels, avance sur son propre chemin. Chacun est libre d'explorer des espaces encore inconnus en soi, de transcender son état de penser mémoriel où de choisir de rester fidèle à ses conditionnements scellés dans le passé. Mon expérience m'a montré que chaque personne agit avec ses moyens, ses croyances, ses peurs. Certains d'entre nous manquent de ressources pour prendre soin d'eux et se trouvent quelques fois démunis devant leurs blessures.

L'amour de soi c'est aussi reconnaître que par moment l'intensité d'une blessure, d'un traumatisme est tellement violente qu'il nous est impossible dans le moment présent de regarder et accepter ce qui fait souffrir. J'ai pu fréquemment constater que la majorité des personnes utilisent la souffrance pour garder le lien avec un être cher décédé ou adopter une position de refus face à une relation amicale, de couple, qui touche à sa fin. Leur croyance est que s'ils n'entretiennent pas la souffrance, le lien va se rompre et s'en suivra l'expérience de la séparation. Bien souvent derrière cette souffrance se cache de la dépendance affective doublée de sensations de manque. Par peur de perdre le lien, ce mode de fonctionnement empêche de faire le deuil de la relation. **L'intelligence de notre cœur est toujours active pour participer à la reconfiguration des informations qui circulent dans le lien tout en préservant sa substance originelle : l'amour.**

Mon opinion est qu'il revient à chacun de construire son devenir dans son propre monde qu'il soit intérieur ou extérieur. Parfois il est difficile d'y arriver sans aide car des obstacles font barrage à l'édification de notre réalisation personnelle. »

- « Ou trouver cette aide? »
- « A chacun de choisir une personne qui proposera un accompagnement et des outils adaptés à ses intentions, ses priorités et valeurs.
Je privilégie les thérapeutes qui ont les moyens de s'adapter à la personne sans imposer leurs croyances. Mon choix s'est toujours orienté vers un accompagnement centré sur la personne. Cette préférence m'a donnée l'opportunité de préparer mon jardin intérieur et de découvrir par moi-même ce que j'allais y semer. »

- « Votre expérience m'est d'un grand secours. Merci de m'initier à l'amour de soi. Je ressens déjà des effets en moi, mon corps vibre légèrement, une douce chaleur m'enveloppe, cela ressemble à un cocon tout doux....Des picotements se manifestent dans ma cage thoracique. Aujourd'hui j'entame ma descente en moi, je vais regarder avec bienveillance ce qui se joue sur ma scène intérieure. J'ai vécu une expérience traumatisante entre quatre et cinq ans. Ma mère a fait une dépression nerveuse très grave, elle a été hospitalisée plusieurs mois. Pendant ce laps de temps, mon père a assumé et porté notre vie au quotidien. Cette période a fait naître en moi la peur de l'abandon. J'ai conscience qu'elle est toujours présente et me fait avoir des réactions inappropriées au niveau relationnel, surtout dans la relation de couple. Je choisis toujours une relation qui mène à la violence psychologique. »

- « Je te félicite d'être aussi honnête envers toi-même ! Sache que ça y est ! Tu marches sur le chemin de la réconciliation avec soi ! Bravo ! Celle-ci va te permettre d'entrer en contact avec l'énergie de ton enfant intérieur. Après mon divorce, j'ai vécu moi aussi des relations dysfonctionnelles. Je me suis fait énormément souffrir émotionnellement en choisissant des relations impossibles à construire. La relation de couple a été une grande initiatrice qui m'a appris à lâcher mes illusions, à m'aimer et me respecter. »
- «Merci pour votre sincérité, votre vécu a du certainement servir à structurer votre accompagnement ? »

- « Oui c'est exact, mon chemin de vie personnel a contribué à me faire entrer rapidement dans l'espace de l'empathie. »

- « L'énergie de notre enfant intérieur peut être d'une grande aide. Brièvement avant de m'éclairer sur le principe de cette énergie, quel conseil me donneriez-vous concernant la relation de couple ? ».

La relation de couple est une entité à part entière. Tout comme des parents prennent soin de leur enfant, il revient à chacun de prendre soin de la relation.

Il est de notre responsabilité d'écouter, de communiquer, d'agir afin de construire une relation équilibrée et fluide dans le partage et la tendresse.

Cela inclut aussi d'envelopper la communication d'une bonne dose d'humour et de lâcher les échanges obstrués par une sériosité inflexible.

Il est impératif d'accepter aussi qu'il y aura des épisodes de « frictions » à traverser, ceux-ci régénéreront et stimuleront la relation. Avec légèreté, accueillons-les comme faisant nécessairement partie de la relation.

Mon opinion est que la relation de couple sert merveilleusement l'épanouissement personnel de chacun.

- « **La communication** est la dalle sur laquelle une relation se construit de façon harmonieuse. Il est important d'exprimer ce que l'on ressent, verbaliser ses besoins respectifs, oser faire des demandes, poser des questions pour avoir des réponses claires. Tout est à prendre en considération afin de se positionner, faire des choix pour ensuite poser des actes fondés allant dans le sens du respect des valeurs de chacun. Une relation équilibrée, c'est rester dans son espace, ne pas jouer les rôles de : papa, maman, infirmier, infirmière ou le rôle du sauveur qui sait ce qui est bien pour l'autre car il le connaît par cœur… Il est important de ne pas penser à la place de la personne qui partage notre vie. Je te propose également de bannir les suppositions, les interprétations.

Je te conseille avant tout de prendre conscience que c'est une relation entre adultes, non pas parents/enfants. Pour moi la traduction du mot adulte c'est : responsabilité de soi et responsabilité de la relation. **Aujourd'hui, une relation de couple équilibrée est basée sur l'amour authentique, la simplicité, la joie et la liberté d'expression.** Cette forme de relation offre la possibilité d'être vraiment soi et de garder **son pouvoir de décision.** La dépendance affective et la relation passionnelle font parties des anciens scénarios.

Devenir adulte c'est aussi écouter notre enfant intérieur, ses rêves, ses peurs sans penser au lendemain...

Garder notre âme d'enfant, la chérir, sert à préserver la fidélité envers soi.

L'énergie de notre enfant intérieur va magnifier notre évolution et réalisation personnelle.

La puissance de son authenticité révèlera en nous des besoins fondamentaux qui réclament à recevoir de l'attention, de la tendresse, de l'écoute. ..

En ce qui concerne l'**énergie de l'enfant intérieur, elle est la vibration manifestée par la spontanéité, la joie, la sincérité. Sa légèreté et sa simplicité** permettent de nous sentir moins séparés de nous-même et des autres. Cette énergie, en lien direct avec la vie, aide à cicatriser nos blessures intérieures, à modifier des schémas perturbateurs cristallisés en nous. Notre enfant intérieur est l'expression de la vie. Il nous aide à lâcher des codes de conduite, des mécanismes de défense scellés en nous, à guérir des blessures telles que l'abandon, le rejet....

Laisser s'exprimer notre enfant intérieur avec son propre langage, calmera rébellions et combats intérieurs. L'énergie de l'enfant intérieur nous rappelle aussi l'importance d'utiliser nos cinq sens et autres perceptions en tous genres. Ceux-ci font partie de notre trame intérieure, les utiliser consciemment nous rend plus joyeux, plus vivants ! Ils nous poussent à nourrir les nombreuses caractéristiques qui font de nous des êtres humains pourvus d'une psyché. »

Message de joie et de simplicité pour notre enfant intérieur.

Ce dessin nous relie à l'énergie de notre enfant intérieur.

Il participe à la guérison des blessures de l'enfance et à la libération des mémoires placentaires et embryonnaires qui entravent notre évolution.

Il nous aide à intégrer patience et sincérité.

- « Vous est-il arrivé d'entrer en contact avec votre enfant intérieur ? »

- « Oui, j'ai la capacité d'entrer en relation avec mon enfant intérieur, je l'appelle la petite Béa. Bien souvent, je me suis adressée à elle durant des périodes difficiles à traverser, écrasantes au niveau émotionnel. Avec beaucoup d'attention, je l'ai écoutée sans relâche lorsqu'elle exprimait de gros chagrins et méga colères. Je lui ai toujours répondu avec tendresse : « Je te crois ! Je t'écoute !...» Elle a choisi l'écriture comme moyen de communication.

La réconciliation avec soi inclut aussi de trouver **l'équilibre entre notre principe féminin et notre principe masculin**. Douceur et force, polarité magnétique et électrique, actif et passif, émetteur et récepteur, nous avons en nous ces deux principes. A l'image du mariage alchimique du feu et de l'eau, de deux plateaux de balance en parfait équilibre, nos deux principes peuvent fusionner, révéler et sublimer leurs énergies potentielles respectives. Il y a **une dimension sacrée dans chacun de ces principes.** Il est possible par l'alliance du principe masculin et du principe féminin de renouer avec notre réalité fondamentale. »

- « Avez-vous pu guérir de blessures profondes ? Ces blessures ont-elles fait barrage à votre épanouissement de femme ? »

Nous sommes un soleil caché par les nombreuses couches nourries par la densité de nos blessures, peurs, croyances....

La descente en soi est un chemin long, déstabilisant et sinueux. Le seul qui mène au démantèlement de nos peurs, à leur transmutation.

Tel le Phénix, nous pouvons renaître de nos cendres...

- « Je suis descendue à plusieurs reprises au plus profond de moi. Ces expériences m'ont permis de changer de nombreuses fois mon regard sur moi-même et sur mon monde. Dans certains espaces, j'ai rencontré des parties de mon être qui se sentaient désespérées, j'ai laissé le désespoir s'exprimer en moi. J'en suis toujours revenue grandie!, fatiguée et grandie !

En règle générale les blessures quelles qu'elles soient, nous mettent toujours des bâtons dans les roues, alimentent nos illusions et conditionnements. En prenant conscience de l'impact qu'elles génèrent sur notre comportement, nous pouvons arrêter de nous identifier à elles. Dans cet **espace de non identification**, nous retrouvons notre alignement et pouvons **prendre le recul nécessaire pour regarder nos blessures, entrer en relation avec elles et décider comment nous allons les guérir....** »

- « Merci pour votre témoignage, il allège mes inquiétudes concernant mon devenir. »

« Allons préparer notre souper et ensuite j'irai me coucher et laisser pendant la nuit ma conscience cellulaire s'imprégner de toutes ces nouvelles informations. Demain si vous êtes d'accord et si la météo le permet, nous pourrions aller pique-niquer sur la plage. Je ramasserai des coquillages en souvenir de votre région ! »

- « D'accord, je suis toujours partante pour gambader dans la nature ! Je te souhaite une bonne nuit de repos, à demain. »

- « A demain bonne nuit. »

Jour 3

Faire alliance avec la Terre.

Un soleil irradie ce début de matinée, Anna me rejoint dans la cuisine pour prendre notre petit déjeuner.

- « Comment s'est passée ta nuit ? »
- « J'ai vraiment bien dormi, le silence m'a bercé toute la nuit. Quelle chance de pouvoir encore aujourd'hui profiter d'une journée ensoleillée ! »

- « Oui en effet ! Je te propose de découvrir le village de Collioure, nous pouvons nous y rendre à pied depuis Argelès. »
- « Ah Oui ! Avec grand plaisir, ce sera l'occasion pour moi de profiter de cette balade pour acheter des cadeaux que j'offrirai à ma famille. »

- « Avant notre départ, je te propose d'aller au port acheter du poisson pour notre repas de ce soir. Tu as envie de manger du poisson ? ».
- « Oui, j'adore le poisson ! »

Le sourire est bénéfique pour notre organisme et nous aide à communiquer de manière authentique.

IL contribue largement au rapprochement entre les êtres humains.

Le sourire est une forme de reconnaissance d'être à être, un message de sympathie, un peu de bonheur dans notre quotidien. La spontanéité d'un sourire apporte toujours apaisement et réconfort.

Sourire est très communicatif. Alors sourions !

Nous partons à pied. Arrivées au port sur les conseils des pêcheurs, nous achetons du bar. Nous profitons de cet achat pour échanger quelques minutes avec ces messieurs. Nous rions de leurs plaisanteries, nous communiquons en toute simplicité et parlons des choses qui remplissent le quotidien de chacun. Je remarque qu'Anna m'observe en souriant.

 - « Qu'est ce qui te fait autant sourire ? »

 - « Je constate qu'il est facile et naturel pour vous d'entamer une conversation en souriant ! Je trouve cela très touchant, je sens combien vous respectez les personnes qui communiquent avec vous. Vous ne tenez pas compte du statut social ou de l'apparence d'une personne n'est-ce pas ? »

- « Non, jamais, parfois l'amour prend des aspects très surprenants ! L'habit ne fait pas le moine ! L'amour peut être présent dans un sourire...»

Nous nous garons sur le parking du Racou et entamons notre balade jusqu'à Collioure.

Dès notre arrivée, Anna s'empresse de partir avec ardeur à la recherche de boutiques atypiques afin de faire ses choix de cadeaux. Je la laisse partir à l'aventure dans Collioure.

- « Rendez-vous dans une heure sur la plage à côté de l'église. Je profite de ce moment pour aller saluer une amie restauratrice. »

 - « Ok, à tout à l'heure. »

Une heure plus tard je vois Anna se diriger vers moi, un grand sourire illumine son visage.

 - « Regardez ! J'ai trouvé des poteries aux couleurs de Collioure et des bijoux en céramiques, je suis vraiment satisfaite de mes achats. »

 - « Super ! Tu vas ramener un peu de soleil à la capitale !»

Nous décidons de nous installer dans un coin tranquille pour pique-niquer. Le bruit des vagues chante un air mélodieux qui emplie mon cœur de joie, être en contact avec l'eau est pour moi un cadeau d'une valeur inestimable. Notre Terre est un joyau où il nous est permis d'admirer les splendeurs de la nature...que de beauté à savourer !

Notre pique-nique terminé, Anna s'empresse de me questionner.

 - « Qu'avez-vous à de me dire à propos de la Terre, quelle rôle joue-t-elle dans notre évolution d'être humain ? »

Je m'allonge confortablement sur la plage, mon sac à dos en guise d'oreiller. Tout en savourant du chocolat, je lui dis :

 - **L'humanité entre dans un nouveau cycle** empreint de codes de vie basés sur l'amour, la volonté d'agir, l'équilibre et la liberté d'être.

Dans ce monde inédit, on ne vit plus sur Terre mais **avec la Terre**. La terre se recâble aux forces cosmiques, joue le rôle de médiatrice entre les nouvelles énergies qui arrivent de l'univers et notre être. Afin de nous accompagner au mieux dans cette période transitoire, la terre se met aussi en adéquation avec les nouvelles énergies. Cette évolution vibratoire lui permet de syntoniser ses nouvelles fonctions de condensateur, réflecteur, filtre et transformateur d'informations. Dans le respect du cheminement de chacun, **ces données se transforment en codes de vie adaptés à notre identité**. Ces codes sont véhiculés par un flux d'énergie dynamique ayant pour **fonction principale de relier le cœur de la terre au cœur des êtres humains**. Doté d'un cœur revivifié, se dessinera devant nous, un champ bouillonnant d'éventuelles possibilités. Alors avec allégresse, nous envisagerons d'expérimenter des choix d'orientations personnels et professionnels plus appropriés à notre vraie nature.

La Terre change aussi sa respiration interne en utilisant l'oxygène contenu dans la silice du magma granitique. En modifiant son oxygénation, **la Terre nous aide à passer d'une structure carbone à une structure carbone-silice.** Ce changement va stimuler le développement de notre conscience corporelle afin d'être plus à l'écoute des besoins de notre corps et d'étayer nos perceptions sensorielles et extra sensorielles. **Il va aussi faciliter la**

communication intermoléculaire et seconder l'extraordinaire usine nanométrique qui s'active dans chacune de nos cellules.

Ce processus va aussi aider à synchroniser le fonctionnement du cerveau avec celui de la glande pinéale et ainsi influencer une **triangulation vibratoire yeux et 3ème œil. Ce nouvel œil, trois en un, regardera de façon plus avisée** tout autant dans notre univers intérieur que dans notre monde extérieur. Il nous donnera l'opportunité de voir clairement au-delà des apparences. **Il nous aidera à rester centré afin d'établir une communication relationnelle plus ouverte et active**. Il coopérera aussi avec le trio unifié : « Cœur, thymus, chakra du cœur » pour tonifier notre **nouvelle incarnation, vivante et vibrante.** Le moment venu, je t'expliquerai en détail le fonctionnement de ce trio. »

- « D'accord, j'ai conscience que ce trio occupera une place décisive dans la construction de notre unification intérieure. »

- « Oui, ce **partenariat** crucial contribuera à la mise en place de notre **nouveau champ vibratoire**. Nos nouvelles vibrations vont partir de l'infiniment petit de notre être vers l'extérieur de notre corps. **Ce champ unifié et cohérent représentera notre nouvelle identité de Terrien : une empreinte évolutive et singulière pour chacun d'entre nous.**

A l'identique de notre soleil qui puise sa force dans ses propres énergies, notre force intérieure s'alimentera elle aussi de cette façon.

Tel un substrat, elle nous aidera à construire notre structure d'**être solaire**, un être en pleine possession de ses capacités créatrices et participatives.

Plus nous nous incarnerons, plus nous vivrons en adéquation avec qui nous sommes.

Un jour, l'être humain avancera en conscience sur le chemin de l'unification de son être pour rejoindre en son cœur la force de l'équilibre.

La Terre nomme ce nouvel état d'être : **la force de l'équilibre.** Ce nouveau principe de vie solidaire avec les nouvelles vibrations du cœur de la Terre participe activement à la naissance de notre nouveau champ vibratoire. La force de l'équilibre est puissante et nourricière. **Elle nous invite à expérimenter** notre vie en pleine conscience dans la joie, la construction, la communication et l'harmonie.

La force de l'équilibre va faire émerger en notre intérieur sacré nos potentiels latents et nous aidera à dissiper nos confusions émotionnelles et mentales. **Cette force puissante ne demande qu'a être révélée dans notre quotidien.** Elle va nous pousser à oser goûter à de nouvelles saveurs, à aspirer à quelque chose de différent, enrichissant et nourrissant. Ce processus nous aidera à écouter avec notre cœur, à respecter nos préférences, lâcher nos automatismes, à **incarner la conscience de soi, la conscience de l'Amour en soi, la conscience d'être la Vie.** »

Message Céleste de paix et de sagesse.

Ce dessin aide à ouvrir notre conscience à la foi. Il participe à la construction de la force de notre équilibre et dynamise l'harmonisation de toutes les parties de notre être.

Il nous incite à agir de manière intègre et à communiquer de façon pertinente avec légèreté d'esprit.

Mon cœur me propose de rester dans l'essentiel : « Etre touché » dans mes expériences relationnelles. Être touché permet à mon cœur de rester ouvert, en capacité d'écouter mes émotions, mes sentiments et ceux des autres.

Être touché c'est se sentir vivant, c'est écouter la voix de l'amour, la voix de notre ressenti.

Être touché c'est participer à la création en laissant s'exprimer à travers chacune de nos cellules le mouvement de la vie en soi.

L'intelligence sacrée du cœur relie chaque être humain à sa propre force de vie, à une compréhension et à une connaissance plus profonde de soi.

Laissons notre cœur se fondre dans notre univers intérieur et suivons son élan salvateur !

- « Comment puis-je faire jaillir cette force lumineuse dans mon cœur ? Un nouveau monde se profile à l'horizon, quels messages nous délivre-t-il ? »

- « Je vais te parler des possibilités qu'offre le nouveau champ vibratoire de notre cœur, la Terre le nomme : **LE CŒUR EN ACTION**.

Notre cœur nous soutient sur le chemin de l'unification de notre être. Le cœur a plusieurs fonctions, c'est un cerveau et en parlant de cerveau sais-tu que nous en avons principalement trois ? : Un dans notre crâne, l'autre dans notre ventre et le troisième c'est notre cœur. Tous fonctionnent avec des neurones.
Tu es étonnée d'apprendre que l'on a trois cerveaux?»
- « Oui, je pensais à deux ! J'ai lu que notre ventre est intelligent, il contient des millions de neurones ! »
- « C'est exact, d'ailleurs de nombreuses émotions se manifestent par le ventre, d'où l'expression : *avoir un nœud dans le ventre* ou *une boule à l'estomac*. Revenons à celui qui m'intéresse le plus : le cœur ».

- « Pourquoi lui ? »

- « Tout comme le fait l'eau cellulaire, **le cœur joue le rôle de médiateur sensitif.** Il fonctionne dans le présent et réagit immédiatement lors de grands stress, crises d'angoisses, chocs émotionnels... Notre cœur est un cerveau doté d'un système nerveux autonome. Avec grande efficacité ses neurotransmetteurs participent au bon fonctionnement de notre organisme. »

« Ce matin, j'ai pris le résumé que j'ai écrit l'année dernière sur les fonctions du cœur. Je te le lis et demain je fais une photocopie que tu pourras relire lorsque tu en éprouveras le besoin. Ça te va ? »

« D'accord. »

Fonctions neurobiologiques.

La neurobiologie nous fait découvrir l'intelligence intuitive du cœur et nous parle de cohérence cardiaque. Une technique respiratoire qui régule les pulsations cardiaques, diminue stress et mal être. Notre état émotionnel a une influence sur la variabilité de notre rythme cardiaque, si nous éprouvons des sentiments de joie et de bonheur, les battements de notre cœur se régulent, nous retrouvons notre équilibre cardio-respiratoire.

Fonctions vibratoires.

Mon expérience professionnelle m'a dévoilée la présence du cœur dans sa dimension vibratoire comme étant le centre de notre être, un Graal intime contenant notre essence. Le cœur m'invite à utiliser **une nouvelle symbolique de la croix afin de réunir au point de jonction de ses deux axes un état d'être accueillant et incluant tout ce que nous sommes.** Cette nouvelle croix vibrante **unit notre dimension limitée et illimitée, notre matière et**

notre esprit dans la joie et l'équilibre. **Elle est une structure évolutive ouverte sur notre être et le monde**. **En son centre un cœur triple unifie la vibration du cœur organe, du thymus et du chakra du cœur**. Ce cœur soleil, radiant, nourrissant est l'**initiateur** qui nous prépare à intégrer une vision, une représentation plus élargie de soi et du monde. Il nous aide à développer l'aptitude à devenir : « **je suis ce que je suis** ».

Ce centre vibratoire va stimuler notre système biologique, renforcer notre système immunitaire. Il va dynamiser la respiration cellulaire et remettre en fonction la capacité naturelle qu'a notre corps à respirer par le ventre.

Le thymus va s'activer pour nous aider à libérer d'anciennes mémoires empreintes de souffrances. Le thymus est une glande qui sera très active dans le nouveau monde. Elle communiquera avec la thyroïde et lui transmettra des informations contenues dans notre eau cellulaire et dans notre champ vibratoire.

Ce superbe trio va nous aider **à établir un lien plus ardent avec le noyau terrestre, le vivant, l'eau, les nouveaux codes de vie que nous envoie la Terre.**
Il va influencer de façon prépondérante les vibrations de notre nouveau champ énergétique et celles de chaque organe, glande, système... contenus dans notre corps. Ces nouvelles vibrations vont nous permettre de nous

maintenir en bonne santé et/ou d'aider notre guérison. Elles reflèteront notre **conscience solaire, le sacré qui vit en nous.** »

- « La lecture est terminée, que ressens tu ? »
- « Pendant la lecture certains mots ont fait réagir mon cœur, ses battements sont devenus plus intenses. Une grande chaleur a envahie ma poitrine et ma gorge. Le mot Thymus m'a permis de ressentir sa présence, comme une éponge qui s'hydrate au contact de l'eau. »
  - « C'est inconfortable comme sensations ? »
  - « Non, c'est de l'ordre de l'inconnu pour moi, ce sont des sensations agréables. Je me sens plus centrée plus en lien avec la terre, je ressens une énergie qui pénètre par mes pieds et gagne tout mon corps. Merci beaucoup. C'est une expérience riche d'enseignements et sensations. »
  - « Et pour répondre à ta deuxième question : Il est temps d'entamer un nouveau chemin où le passé n'aura plus d'emprise sur le monde. Il est temps de passer à autre chose, laisser notre cœur nous pousser à **oser expérimenter et façonner notre réalité.** Dans le nouveau monde le mélange des pensées morales, sociales, spirituelles, philosophiques.... est à l'honneur. Il est important de respecter les choix alimentaires, les valeurs de chacun, d'honorer les différences. Il est capital de lâcher nos schémas figés dans le passé et **d'en extraire et en préserver juste l'essentiel : ce qui est propice à notre**

élévation personnelle. Des compétences novatrices, des coopérations et collaborations participeront à l'édification de la nouvelle société ou la tolérance, l'entraide, l'ouverture d'esprit seront prépondérants. **L'heure est venue de s'unir pour construire ! Non pas acquiescer et subir...**

Il est temps de faire éclore et encourager des idées innovantes !

Notre accomplissement personnel contribue à l'essor de notre monde.

Comme à l'exemple de la goutte d'eau faisant partie de l'océan, chacun habité par sa propre connaissance, conscience et vérité intérieure peut participer à sa façon au mouvement de la vie.

Dans cette danse vivante, nous pouvons décider d'emprunter un chemin très particulier où **il ne sera plus jamais question de réussir mais d'accomplir !**

Un nouveau paradigme s'offre à nous. Il a pour assise une philosophie humaniste où la communication est basée sur les besoins, aspirations et demandes de chacun. **La Terre et l'Univers nous soutiennent sur ce nouveau chemin.** Certes, il va déranger nos croyances et ébranler nos convictions morales. A nous de décider si oui ou non nous voulons participer à l'expansion de la conscience unifiée qui vit dans notre cœur, dans nos cellules, dans l'intégralité de notre être. »

- « Je suis vraiment touchée, émue aux larmes. Merci encore de me permettre d'enrichir mes connaissances. Je réalise que j'ai énormément de chance d'être à vos côtés... »

Nous nous blottissons dans les bras l'une de l'autre et sourions....

- « Il va bientôt faire nuit, on rentre ? »

- « Oui, on y va. »

- « Quelle belle journée, je me suis vraiment régalée, j'ai découvert Collioure et en plus, j'ai pique-niqué sur la plage ... C'est merveilleux ! »

Il est 18h30, nous arrivons à mon appartement. Nous savourons une tisane bien chaude qui nous réchauffe instantanément. Nous choisissons une recette épicée pour cuisiner le poisson acheté au port dans la matinée et tout en préparant notre repas, nous dansons sur le dernier single de Cold Play...»

Jour 4

Les ondes, la Lumière fédératrice.

Le jour suivant nous passons la plus grande partie de la journée à rester à l'intérieur, la pluie nous y oblige. Chacune vaque à ses occupations... En début d'après-midi, nous nous installons confortablement et décidons de regarder un film comique. Parties dans des fous rires bruyants et sans pouvoir les contrôler, nous arrivons malgré tout à savourer un dessert traditionnel français : la tarte aux pommes ! Anna l'a préparée avec soin, c'est un délice ! Le film terminé, Anna s'empresse de me demander :

- « C'est quoi la leçon d'aujourd'hui ? »
- « Une leçon ! Nous ne sommes pas sur les bancs de l'école. »
- « J'ai de l'humour ! C'est un trait de personnalité que nous avons en commun ! »
- « Je vois ça ! C'est génial, **l'humour est contenu dans l'amour.** »
- « Vous connaissez parfaitement l'amour ? »
- « Non, je dis souvent que je le touche du bout des doigts, je l'entrevois. Je vis sur Terre pour découvrir ce qu'est l'Amour, pour aimer, pour vivre des expériences, pour me sentir vivante en toute simplicité ! »

Tout est mouvement comme une grande respiration qui ne s'arrête jamais.

La mélodie qui se propage dans l'univers et sur notre terre résonne prodigieusement pour nous remettre en mémoire que **la Puissance de l'Amour est omniprésente.**

C'est l'amour qui aidera l'humanité à sortir des conflits, des guerres, des jeux de pouvoir, des divisions... L'amour peut tout transcender, il est l'essence de la vie.

L'amour est la lumière qui anime et qui relie tout ce qui est vivant. Mon opinion est qu'en lui **la magie nommée confiance, donne du sens au mystère ! A l'insaisissable ! Au surprenant !**

- « Avec vos perceptions, comment voyez-vous l'univers ? »

- « L'univers est pour moi comme une grande toile tissée par des filaments, des lignes asymétriques dans lesquelles circulent de façon dynamique de l'information et de l'énergie qui inter agissent avec la matière. Dans un renouvellement perpétuel, ce treillis cosmique rempli de la mémoire de l'histoire de l'univers et de l'histoire de notre humanité, propage des ondes, absorbe, traite et réémet de l'information. Comme une toile de fond sonore, Cette harmonique se modifie pour s'adapter à l'évolution de tout ce qui existe dans l'univers et à la genèse du vivant sur notre planète.

Elle est animée par une **force incommensurable et sans limite** qui donne ses lettres de noblesse à la Vie : **cette force, c'est l'Amour.**

La Terre est un joyau ou chacun peut chanter, danser, inhaler d'innombrables parfums...

Allons respirer les senteurs du végétal, toucher la terre, le sable, les pierres afin d'en apprécier leur douceur, leur énergie bienfaisante et leur vitalité.

Entrons en contact avec la sensibilité et la puissance vivante de l'eau. Des plus communs au plus remarquables communiquons avec les arbres. Apprenons à échanger intuitivement avec les animaux terrestres et marins. Profitons des rayons du soleil et de la lumière diaphane de la lune...

Prenons en considération que ces attitudes peuvent se transfigurer en un état de grâce !

La Nature, Force Sacrée, à son propre langage, perçoit les sons et partage de l'information. Elle œuvre pour préserver le lien qui unit le vivant !

« Notre Terre Mère a une place précieuse dans ce système dynamique. Afin de nous soutenir dans notre accomplissement personnel, elle nous propose de **renouer avec la nature**, d'admirer ses splendeurs et profiter de l'énergie qu'elle nous offre.

Notre Terre aspire à nous sentir heureux, joyeux, entreprenants, actifs. Dans les moments où nous ressentirons du chagrin, des peurs, des inquiétudes... ses vibrations nous envelopperont avec délicatesse afin d'adoucir nos blessures. »

Message d'Amour de la Terre.

Ce dessin facilite la communication cellulaire et nous aide à stimuler notre joie de vivre.

Il favorise l'intégration des nouvelles vibrations du noyau terrestre.

Il nous encourage à développer la faculté de percevoir le langage de tout ce qui existe dans la nature, du visible à l'invisible.

- « Comment a évolué votre technique vibratoire ? »

- « Sans demande, ni attente. Durant une méditation des mots arrivaient en moi, pour la plupart inconnus de mon vocabulaire. Ils me permettaient de considérer mes transformations sous tous leurs aspects. Je remercie la Vie de m'avoir envoyé ces « mots ». Grâce à eux, je savais où le « vent me menait ! » J'ai pu constater à maintes reprises qu'ils me dirigeaient vers l'espace de l'infiniment petit, dans le noyau cellulaire. »

- « J'imagine que cette formation vous à fait aller de surprises en surprises ? Et de découvertes en découvertes ? »

- « Oui, d'ailleurs je me suis souvent demandée si je ne devenais pas dingue ! Heureusement avec internet, je peux dans l'instant vérifier les informations qui m'arrivent en direct... J'ai besoin de confirmer l'existence de ce à quoi j'ai accès non pas par inquiétude ou peur, mais pour valider mon cheminement. J'ai besoin d'un fil d'Ariane pour ne pas perdre ma foi. Je parle au présent car bien que j'ai arrêté d'accompagner, ce processus d'évolution perdure et me montre en fait qu'il ne dépend pas de décisions prises par mon mental mais par d'autres parties de moi !

Les premiers messages reçus concernaient **l'eau**. Je me rappelle très bien, c'était un matin du printemps 2012. Je méditais et tout à coup, j'ai vu apparaître la formule de l'eau : H2o. Je me suis dit : facile, je connais ! Et dans la seconde suivante j'ai vu s'inscrire devant moi la formule : H3o+. C'était la première fois où j'ai pensé que je perdais la raison ! Et aussitôt, j'ai crié avec ma spontanéité habituelle : « c'est quoi ça ! Je ne suis pas chimiste ! »

Je suis allée vérifier sur internet et là avec grand étonnement, j'ai découvert la définition de la formule H3o+. C'est un ion hydronium, dans l'espace il résulte de l'interaction de molécule d'eau avec le rayonnement cosmique. Il est en permanence présent dans l'eau.
Ce message qui tenait en un seul mot m'a permis de valider le chemin qui plus tard m'a mené à découvrir la magie de l'eau cellulaire.

En 2013, je suis entrée en contact avec les **lignes axiatonnales.** Ce sont des lignes qui unissent la grille énergétique planétaire à celle de l'univers et celle de notre corps. Elles facilitent l'acheminement des informations qui y circulent. En transférant des messages via notre ADN et ARN, elles participent activement à **la reconnexion** de toutes les parties de notre être pour libérer et faire jaillir en nous notre puissance de Vie.

En 2015, j'ai découvert la présence dans mon accompagnement **d'ondes électro-gravitationnelles** de couleur blanche. Elles progressent de la même façon qu'une spirale et créent un phénomène de

supraconductivité. Ces ondes se déplacent à très grande vitesse. En se rassemblant, elles renforcent leur puissance et **la capacité naturelle que nous avons à capter et émettre des rayonnements.** Elles sont entre autre la base de la communication cellulaire et la nature des ondes qui parcourent notre système nerveux. Mon expérience me fait dire qu'elles sont certainement des **ondes scalaires.**

Je te donne un exemple : en entrant en résonance avec des tissus musculaires endommagés, enflammés....les ondes vont s'allier au vecteur d'information qu'est l'eau cellulaire afin que des échanges énergies / informations / biochimie... aident à réparer les blessures.

Le plasma est un outil précieux et puissant qui contribue de façon informelle à notre réparation et/ou transformation personnelle.

La **conductibilité électrique** est une clé qui ouvre une des portes du nouveau monde.

Mon opinion est que les nouvelles énergies sont en grandes parties électriques. Ce sont elles qui achemineront les nouveaux codes de Vie.

La même année, j'ai fait connaissance avec le **plasma.** Le plasma est un autre état de la matière très répandu dans l'univers. **Sur Terre, deux phénomènes connus contiennent du plasma : les aurores boréales et la foudre.** Le plasma contient des particules qui communiquent entre elles électriquement. Dans sa dimension vibratoire, cette communication lui permet d'être un **excellent conducteur d'informations**. Par l'intermédiaire d'un thérapeute, les vibrations du plasma peuvent entrer en résonance avec les signaux émis par nos cellules. Dans ma technique vibratoire, le plasma occupait une place considérable car il a la possibilité d'agir en tant que **transcodeur.** Ce qui veut dire qu'il aide à la transformation d'un schéma informé en nous suivant certains codes du passé en une autre figuration selon des codes différents. Ces nouveaux codes seront plus appropriés à modifier les fréquences dissonantes d'un tissu, d'un organe, d'un mode de fonctionnement émotionnel, énergétique ….en une fréquence stimulant la guérison.

Le plasma circule aussi dans l'ionosphère. A l'aide de certains types de rayonnements, cette couche atmosphérique d'une grande conductibilité sert d'antenne, de pont et de modulateur de fréquence entre des galaxies spirales, la voie lactée et la Terre. **A l'aide du plasma, la Terre stabilise ses nouvelles énergies** dans la douceur en adaptant la réception des informations galactiques à ses propres fréquences.

J'ai pu constater aussi qu'a chacun de mes accompagnement arrivait de la lumière qui vibre sur des longueurs d'ondes correspondant à une palette de couleurs très diversifiées. Chaque couleur a sa propre longueur d'onde, sa fréquence de vibration et son énergie. Afin d'accompagner au mieux une personne dans ses processus de guérison, **un merveilleux ballet va se jouer entre son système métabolique, électromagnétique, l'amour de soi, la lumière qui arrive de l'univers et la force de vie qui vient de la terre.** Ce fabuleux mouvement, telle une danse majestueusement synchronisée va induire des changements opérant directement dans l'organisme, l'inconscient, les pensées, les émotions, le champ vibratoire de la personne… **La lumière est polymorphe,** elle peut choisir de prendre un aspect des attributs de l'absolu, un comportement ondulatoire ou corpusculaire.

Au cours de son intervention, j'ai toujours perçu énormément **d'efficacité, d'interaction, de rapidité et d'amour.** Dans le plus grand des respects, **la lumière sera toujours là pour nous soutenir sur le chemin de l'unification de notre être.** Je ressens à son égard une profonde gratitude pour **l'aide éblouissante, précieuse et sacrée qu'elle offre sans condition** !

Après avoir intégré les connaissances arrivant de l'univers, à son tour la conscience de la Terre m'a formée afin d'entrer en contact avec la puissance énergétique de son noyau. Le début de la formation a commencé en 2015 et s'est prolongé jusqu'en 2017.

Le noyau terrestre fluide est un stimulateur d'énergie et un modulateur de fréquence qui facilite la mise en phase de la Terre avec ses nouvelles vibrations. **L'amplitude des signaux émis par ce fluide interagit entre les rayonnements électromagnétiques et la matière, entre le Cœur de la Terre et notre Cœur.** A partir de cette interaction, **notre enracinement et notre ancrage vont prendre un nouvel essor afin de réhabiliter l'incarnation dans sa forme la plus animée.** »
- « Quelle différence y a t'il entre l'enracinement et l'ancrage ? »
- **« L'enracinement est inhérent aux humains.** A l'identique d'un arbre qui absorbe la lumière de l'univers, du soleil et les énergies de la terre, **l'enracinement nous alimente pour maintenir notre stabilité métabolique et énergétique.** Il nous aide à soulager certains maux : angoisses, fatigue, stress… **Il dynamise notre énergie vitale et équilibre notre communication cellulaire.** Une communication cellulaire harmonieuse permet des échanges d'informations entre organes plus coordonnés, plus rapide et **une réponse immunitaire plus présente et efficace.** L'enracinement va aussi aider à resserrer les liens d'amour qui unissent les personnes entre elles.

Etre bien ancré stimule notre envie de "goûter", d'établir notre liberté d'expression, de choisir, de penser ... sur une assise solide.

Notre ancrage nous rend plus confiant, plus serein dans la conception de nos projets.

Il va concourir activement à notre accomplissement personnel.

Etre ancré, c'est consentir à ciseler notre diamant intérieur avec un set d'outils personnalisé !

L'ancrage est plus personnel, il a pour fondement les particularités qui font de nous un individu. Un ancrage revitalisé nous aidera à **définir et percevoir notre nouvelle réalité dans une perspective de vie plus vaste**. En mesure de **lâcher prise** sur nos pensées récurrentes et encombrantes, nous avancerons d'un pas assuré pour sortir des schémas de la communication transgénérationnelle : **peurs / récompenses / punitions**.

Dans notre processus de vie, notre ancrage va aussi participer au développement de nos pressentiments et besoins fondamentaux.

Avec son assistance, nous **allons poser des actes plus en lien avec notre propre discernement** et développer une communication interpersonnelle qui se révèlera être des plus constructive. **Regarder aussi avec plus de clarté** dans notre univers intérieur, savoir si telle situation et telle expérience sont envisageables.

Voilà dans les grandes lignes le témoignage de mon expérience. Pour compléter ces informations tu pourras faire tes propres investigations. De nombreux chercheurs en biologie, biochimie, en neurosciences, en physique quantique, des thérapeutes, médecins, explorateurs de la vie....pourront avec leurs compétences, leurs expériences nourrir ta soif de découvrir le fonctionnement du vivant. »

- « On peut continuer ! Je suis impatiente d'entrer en contact avec mon eau cellulaire. Vous êtes d'accord ? »

Je deviens boulimique me dit Anna en riant.

- « Je te propose de patienter jusqu'à demain pour écouter les messages de l'eau cellulaire. L'eau est une Grande Dame qui a d'innombrables secrets à te dévoiler... »

- « D'accord je vais lire dans ma chambre. Il me tarde d'être à demain pour découvrir les secrets de l'eau cellulaire ! »

Jour 5

L'eau cellulaire.

Nous sommes allongées sur la plage, habillées bien chaudement nous observons le ciel. Comme aiment le faire les enfants, nous admirons les nuages, plus particulièrement ceux qui nous évoquent des formes connues.

- « Oh ! Regardez celui-là, il ressemble à une tête de chien ! »
- « Oui, il est vraiment ressemblant ! »
Anna se lève, s'avance vers la mer, plonge ses mains dans l'eau et me dit :
- « A quel moment l'eau cellulaire s'est présentée à vous ? »

- « Ma curiosité, ma persévérance et mon côté exploratrice de la vie m'ont bien aidés à découvrir le fonctionnement de l'eau cellulaire.
La relation que j'ai avec l'eau cellulaire s'est mise en place au fur et à mesure de ma formation lorsque je suis arrivée à être présente sans « vouloir », « ni interpréter ». Au fil des mois, j'ai compris que le temps était venu de la laisser faire….

- « C'est justement ce que je voulais vivre en étant près de vous... j'ai conscience que c'est votre expérience qui parle, je vous écoute. »

La Vie a investi l'eau de nombreux pouvoirs.

- « **L'eau est le constituant majeur de notre corps.** Elle joue le rôle d'intermédiaire, de mémoire active entre toutes les fluctuations des processus vitaux qui sont perpétuellement en **interaction, interconnexion et inter dépendance. Dans la dimension de l'infiniment petit, l'eau cellulaire peut s'exprimer, œuvrer et jouer le rôle d'interface, de capteur d'énergie, entre le visible et l'invisible.**

Dans ma vie professionnelle, cette réalité complexe et singulière a été des plus significative. L'eau cellulaire m'a ouvert l'esprit et m'a conduit dans un nouvel espace où j'ai pu entrer en relation avec sa dimension vivante, vibratoire et aussi sensitive. Cette relation privilégiée me fait dire qu'elle est une eau spécifique, structurée et qui a **une grande capacité d'adaptation.**

L'eau des cellules n'est pas liquide, mon expérience m'a montré qu'elle est « collante ». Dans mon accompagnement, cette particularité lui permet de se charger en éléments qui colmateront les fissures, déchirures, fractures...

Les cellules se comportent comme des circuits électriques, elles communiquent entre elles par des émissions, réceptions et décodages de signaux. Toutes les organites contenues dans une cellule sont entourées de cette eau particulière, celles-ci agissent comme des «capteurs d'informations», pour **exemple l'ADN qui est constitué de gaines d'eau (brins) et de liaisons hydrogènes (canaux électriques qui acheminent de l'information).**

Dès les prémisses de ma relation avec l'eau cellulaire, j'ai ressenti immédiatement l'importance de la **liaison hydrogène**. Je la ressens souple, en capacité de s'adapter aux réactivités du milieu aqueux de la cellule. J'ai pu souvent constater lors de la baisse en température du corps, les effets considérables qu'a la liaison hydrogène dans la transmission d'information. **La liaison et les ions d'hydrogène sont des conducteurs d'informations à hauts potentiels.**

- « Mes explications t'aident à intégrer la connaissance transmise par ton eau cellulaire ? »
- « Oui impeccable, mon corps vibre légèrement, je reconnais en conscience que je suis de l'eau et par voie de conséquence la Vie ! »
- « As-tu des questions ? »
- « Non, continuez. »
- « Très bien, je continue alors ! »

Vecteur d'informations correctives, l'eau se comporte comme un bio résonateur. Elle peut être informée par diverses fréquences. **Il lui est possible de véhiculer sous la forme de signaux des informations nécessaires au fonctionnement biochimique, métabolique, et vibratoire du vivant. L'eau est chargée de mémoires stockées dans nos cellules.** Certaines informations mémorisées dans notre organisme (blessures émotionnelles, croyances, peurs...) peuvent générer stress, souffrances, troubles psychiques qui interféreront dans le fonctionnement des processus vitaux de la cellule et engendreront mal être et maladies. L'eau va jouer un rôle crucial dans la transformation de ces mémoires. Pour cela, elle va transmettre différents modèles d'ondes qui agiront directement sur notre organisme **en dynamisant nos propres mécanismes de restaurations.**

J'ai pu souvent remarquer que l'eau n'appréciait pas les explications, les pourquoi, l'analyse des processus de pensée. Elle préfère une approche de communication basée sur l'expression de notre être intérieur, d'un ressenti physique et/ou émotionnel. **L'eau est influencée par les ondes sonores,** elle «entend» les mots «vivants» porteurs de «fréquences adaptées» à la singularité d'une personne. En entrant en résonance avec l'eau cellulaire, ces mots remplis de musicalité inter personnelle et omnidirectionnelle vont influencer et renforcer le rôle de vecteur d'information que revêt l'eau.

L'eau cellulaire m'a appris à lâcher prise, à ne plus imposer ou commenter... Elle m'a formée juste à : « **être présente avec mon cœur**. »

Plus je lâchais prise, plus l'eau cellulaire œuvrait !

La vie peut naître dans l'eau grâce à la liaison hydrogène.

Une conscience cellulaire vit en nous via nos molécules d'eau.

L'eau peut ouvrir des portes donnant accès à des techniques vibratoires novatrices agissant directement depuis le cœur du vivant.

L'eau est une voie de recherche pleine d'espérance pour la médecine du futur, elle nous surprendra toujours... Ecoutons là !

Cette médiatrice sensible nous accompagne sur la voie de notre unification.

Entrer en relation avec l'eau permet de dynamiser un accompagnement holistique de la personne. L'eau va révéler de nouvelles compétences basées sur le ressenti et l'information qui coexisteront avec les techniques utilisées par les praticiens de la santé, du bien être...

Dans le nouveau monde, l'eau cellulaire occupera une place majeure dans le domaine du médical. La médecine conventionnelle, les médecines parallèles et l'ensemble des pratiques thérapeutiques uniront leurs compétences à **la sensibilité de l'eau pour accompagner au mieux chaque personne dans son individualité et avec ses particularités. »**

Jour 6

L'accompagnement unificateur.

Il est 9h du matin, Anna se lève avec un regard plein de tristesse, dans quelques heures elle prendra la route pour retrouver sa vie quotidienne.

- « Bonjour ! Tu as faim ! »
- « Non, j'ai le cafard ! Je n'ai pas envie de partir... »
- « Si tu veux, tu pourras revenir aux prochaines vacances ? »
- « Oh là là ! C'est génial ! Merci, je peux revenir pour les vacances de Pâques ? »
- « Oui pas de problème, ta chambre sera prête. »
- « Avant de partir, j'ai envie d'aller me balader à l'étang de Canet voir les flamants roses. »
- « Oui, on déjeune et on y va ! »

Nous nous dirigeons vers l'étang et prenons le sentier qui mène à l'observatoire qui est situé non loin du charmant village des pêcheurs.
Nous avons la chance de pouvoir admirer des flamants roses immobiles dans l'eau, perchés sur une seule de leurs pattes. Nous partons nous balader sur les sentiers qui entourent l'étang et revenons vers le village des pêcheurs et nous nous asseyons à même le sol.

- « Vous voulez bien me parler de votre expérience et me donner quelques conseils concernant l'accompagnement à la personne ? Ensuite, nous rentrerons et je préparerai mon départ ! »

Accompagner, c'est permettre à une personne d'arriver à faire ses propres choix à son rythme à partir de son intention.

C'est l'aider à pénétrer dans ses terres inconnues, lui proposer de faire ses semailles et l'encourager le temps venu à récolter les fruits de sa réalisation personnelle.

- « Oui avec plaisir. Comme je te l'ai déjà dit, il y a quelques jours, pour moi accompagner est de l'ordre du sacré. Accompagner, c'est avancer ensemble sur le chemin, suivre le mouvement qui se présente, **avoir une relation d'être humain à être humain, de cœur à cœur...** Lorsque tu démarreras ta vie professionnelle, tu utiliseras tes propres outils et proposeras un accompagnement qui répondra aux besoins et demandes de chacun.

Je te conseille de bannir de ton langage les « il faut » et les « vous devez ». Il est préférable de les remplacer par « je vous propose de… », « êtes-vous d'accord pour… ». N'oublie pas le petit mot magique que j'ai cité lorsque je parlais de l'amour de soi : **ET. Le « et » nous aide à discerner tous les aspects de notre être et de notre comportement.**

Il nous donne l'opportunité d'exprimer plus facilement ce que l'on ressent et ce que l'on souhaite ».

- « Donnez-moi un exemple concernant la relation de couple. »

- « D'accord : J'apprécie l'aide que tu m'apportes dans la gestion de notre vie au quotidien **ET** les soirs où je me retrouve seule, je ressens de la tristesse et de la colère. A partir de ce discours, il pourra s'installer un dialogue permettant de faire évoluer la communication relationnelle et agir pour rendre la situation plus confortable. Ma conviction est que le « ET » a sa place dans notre cœur, il fait partie des expressions qui nous aident à formuler nos sentiments. Lorsque **nous souhaitons être écoutés et écouter**, un autre mot magique a lui aussi une place puissante dans notre vocabulaire : « je ». J'ai conscience qu'il est difficile pour certaines personnes de verbaliser leurs émotions en commençant une phrase par : « **je ressens** ». Pour la plus part d'entre nous, cette formulation est hors systèmes éducatifs et relationnels couramment utilisés.

Il n'y a aucun risque à en faire l'expérience et constater les résultats... Mon opinion est que **parler de ses émotions et de ses envies facilite une communication bienveillante dans le respect de chacun.** Si tu le souhaites, tu pourras inclure cette forme de communication dans ta caisse à outils. »

- « Merci, je suis de votre avis, ce modèle de communication me convient parfaitement. J'irai à sa découverte et je l'appliquerai dans ma vie personnelle et professionnelle. Concernant ma caisse à outils, j'ai l'intention de la remplir au maximum ! Aucun doute en moi ! »

- « Bravo ! Il est aussi important que tu prennes conscience que les maladies ont des origines différentes. Certaines maladies sont causées par notre environnement, par exemple respirer ou / et ingérer des produits toxiques. D'autres sont dues aux comportements alimentaires, mon expérience m'a montré qu'elles ont pour référentiel des habitudes imprimées en notre intérieur et / ou la façon dont nous réceptionnons et validons les influences extérieures : comportements, familiaux, phénomène de société...

« Il y a aussi des maladies somatiques, psychiques et psychosomatiques, des disfonctionnements biologiques, génétiques et d'autres que j'oublie certainement de nommer. Dans ma pratique, il n'était pas nécessaire de connaître les origines d'une maladie pour mettre en route des processus de transformation. J'accompagnai à partir de l'intention verbalisée par une personne et l'intelligence du corps s'exprimait au travers de sensations et réactions d'une véracité infaillible. Laisser agir le corps a toujours été le chemin qui menait vers la guérison. De nos plus anciennes mémoires, qu'elles soient transgénérationnelles, collectives, individuelles... jusqu'à la moindre trace émotionnelle contenue dans l'instant présent, tout est inscrit dans notre corps, dans les différentes parties qui le constituent, connues ou inconnues de nous.

Changer notre regard sur notre schéma intérieur et notre monde extérieur aidera à changer nos comportements, nos choix, nos préférences...

Changer notre regard va nous faire prendre conscience qu'il est important d'agir pour préserver notre santé.

Changer notre regard élargira notre champ d'exploration, d'action, et fera naitre dans notre cœur l'aspiration à **vivre des relations saines et épanouissantes.**

Calmons nos pensées et regardons !

Que nous soyons convaincus ou pas de l'existence de la multidimensionnalité de notre être, que nos croyances soient religieuses, spirituelles, ontologiques, que nos pensées soient motivationnelles ou philosophiques, peu importe ; notre corps répondra toujours présent pour nous venir en aide. L'interaction métabolique, la communication cellulaire et la guidance de notre cœur agiront de concert pour notre plus grand bien. **Notre corps est guidé par son intelligence lumineuse, laissons le agir ! Le processus d'unification ne privilégie aucune croyance.**

 Accompagner dans l'espace de « ce qui est » sans imposer, permet d'aller de découverte en étonnement, c'est marcher sur le fil sans filet de protection! Je te donne une liste de mots non exhaustive, je te propose à l'aide de ces mots de rédiger ton éthique personnelle afin de mettre en place un **accompagnement humaniste**. »

Cœur – accueil – écoute attentive – attention – adaptation – personnalisé – authenticité – confidentialité – évolution – disponibilité – communication – responsabilité – empathie – perspicacité – innovation – bienveillance – respect – action – humour – simplicité – joie – pragmatisme – outils – compétences – convergence – écoute centrée sur la personne – se positionner – développement – déploiement – autonomie – engagement - rester à sa place – efficacité – présence.... »
 - « Merci, je prendrais le temps de la rédiger...»

Anna se dirige vers sa voiture, ses bagages à la main. Je marche à ses côtés et lui souris. Des larmes pleins les yeux, elle se blottit dans mes bras et me dit :

- « Vous m'avez fait des cadeaux d'une valeur inestimable, je ressens beaucoup de gratitude et de joie d'avoir pu partager votre vie au quotidien. Votre comportement met en évidence que **l'on peut conjuguer simplicité et évolution**. Quelle chance il m'a été donnée de recevoir cette initiation de courte durée ! Quelle aventure ! Merci encore...»

- « Pour moi aussi c'était un cadeau de t'avoir à mes côtés. J'apprécie ta spontanéité, ton audace, ta joie de vivre, ton humour...Bonne route ! Nous nous retrouvons aux prochaines vacances, à condition que tu t'engages à nous faire un gâteau au chocolat ! »
- « D'accord, j'adore le chocolat ! Et je continuerai l'exploration de ma conscience ! »
- « Oui et nous profiterons aussi de la nature et de la mer ! »
Anna me sourit, démarre sa voiture et me dis :
- « Je vous téléphone de temps en temps, je vous raconterai où j'en suis de mon chemin ! »
- « D'accord, à bientôt.»

Lentement la voiture démarre, je lève les yeux vers le ciel, les nuages dessinent un sourire....

Ayant arrêté d'accompagner, j'ai clôturé mon site professionnel. Je ne suis plus référencée sur les annuaires professionnels des thérapeutes. Si vous souhaitez me contacter : bea0260@gmail.com

Toujours ravie de partager mon expérience, je reste à l'écoute de vos demandes.

Béatrice.